LIBRO DE ORACIÓN COMÚN

A SIMPLE PRAYER BOOK

SPANISI

GW00503821

thanks to the generosity of the supporters of the Catholic Truth Society

CATHOLIC TRUTH SOCIETY

PUBLISHERS TO THE HOLY SEE

Contents

Índice

BASIC PRAYERS

Our Father

Our Father, who art in heaven, hallowed be thy name. Thy Kingdom come. Thy will be done on earth as it is in heaven. Give us this day our daily bread, and forgive us our trespasses, as we forgive those who trespass against us, and lead us not into temptation, but deliver us from evil. Amen.

Hail Mary

Hail, Mary, full of grace, the Lord is with thee: blessed art thou among women, and blessed is the fruit of thy womb, Jesus. Holy Mary, Mother of God, pray for us sinners, now, and at the hour of our death. Amen.

Glory be to the Father

Glory be to the Father, and to the Son, and to the Holy Spirit. As it was in the beginning, is now, and ever shall be, world without end. Amen.

ORACIONES

Padre Nuestro

Padre nuestro, que estás en el cielo, santificado sea tu nombre; venga a nosotros tu reino, hágase tu voluntad, en la tierra como en el cielo. Danos hoy nuestro pan de cada día, perdona nuestras ofensas, como también nosotros perdonamos a los que nos ofenden; no nos dejes caer en la tentación, y líbranos del mal. Amén.

Ave María

Dios te Salve, María, llena eres de gracia, el Señor es contigo. Bendita tú eres entre todas las mujeres y bendito es el fruto de tu vientre, Jesús. Santa María, Madre de Dios, ruega por nosotros, pecadores, ahora y en la hora de nuestra muerte. Amén.

Gloria al Padre

Gloria al Padre y al Hijo y al Espíritu Santo. Como era en el principio, ahora y siempre, por los siglos de los siglos. Amén.

THE ORDER OF MASS

INTRODUCTORY RITES

The faithful dispose themselves properly to celebrate the Eucharist.

Before Mass begins, the people gather in a spirit of recollection, preparing for their participation in the Mass. All stand during the entrance procession.

Sign of the Cross

After the Entrance Chant, the Priest and the faithful sign themselves with the Sign of the Cross:

Priest: In the name of the Father, and of the Son,
   and of the Holy Spirit.

Response: Amen.

Greeting

The Priest greets the people, with one of the following:

1. Pr. The grace of our Lord Jesus Christ,
and the love of God,
and the communion of the Holy Spirit
be with you all.

2. Pr. Grace to you and peace from God our Father
and the Lord Jesus Christ.

3. Pr. The Lord be with you.

The people reply:

R. And with your spirit.

Ordinario de la Misa

Ritos Iniciales

Recibimos al sacerdote de pie, que se acerca al altar y lo besa. Si no se hubiera entonado canto alguno, se recita la antífona de entrada.

Signo de la cruz

Sacerdote: En el nombre del Padre, y del Hijo, y del Espíritu Santo.
Asamblea: Amén.

Saludo

Saludo del Pueblo:
1. S. La gracia de nuestro Señor Jesucristo,
el amor del Padre y la comunión del Espíritu Santo
estén con todos vosotros.
A. Y con tu espíritu.
2. S. La gracia y la paz de Dios, nuestro Padre
y de Jesucristo, el Señor, estén con todos vosotros.
A. Bendito es Dios, Padre de nuestro Señor Jesucristo.
3. Pr. El Señor esté con vosotros.
A. Y con tu espíritu.

The Priest, or a Deacon, or another minister, may very briefly introduce the faithful to the Mass of the day.

Penitential Act

There are three forms of the Penitential Act which may be chosen from as appropriate.

Pr. Brethren (brothers and sisters),
    let us acknowledge our sins,
and so prepare ourselves to celebrate the sacred mysteries.
A brief pause for silence follows.
Then one of the following forms is used:

---

1. I confess to almighty God
and to you, my brothers and sisters,
that I have greatly sinned,
in my thoughts and in my words,
in what I have done and in what I have failed to do,
(*and, striking their breast, they say*:)
through my fault, through my fault,
through my most grievous fault;
therefore I ask blessed Mary ever-Virgin,
all the Angels and Saints,
and you, my brothers and sisters,
to pray for me to the Lord our God.

---

2. Pr. Have mercy on us, O Lord.
R. For we have sinned against you.
Pr. Show us, O Lord, your mercy.
R. And grant us your salvation.

El sacerdote lee la 'Antífona de entrada' de ese día.

Acto Penitencial

El sacerdote invita a los fieles al arrepentimiento:

S. Hermanos,
antes de celebrar estos sagrados misterios
reconozcamos nuestros pecados.
*Tras un breve silencio, todos reconocen sus pecados con
la oración:*

**1. Yo confieso, ante Dios
todopoderoso y ante vosotros hermanos,
que he pecado mucho
de pensamiento, palabra, obra y omisión,
por mi culpa, por mi culpa,
por mi gran culpa.
Por eso ruego a Santa María, siempre Virgen,
a los Angeles, a los Santos
y a vosotros, hermanos,
que intercedáis por mí ante Dios nuestro Señor.**

---

2. S. Señor, ten misericordia de nosotros.
A. Porque hemos pecado contra ti.
S. Muéstranos, Señor, tu misericordia.
A. Y danos tu salvación.

Invocations naming the gracious works of the Lord may be made, as in the example below:

3. Pr. You were sent to heal the contrite of heart:

| Lord, have mercy. | *Or:* | Kyrie, eleison. |
| **R. Lord, have mercy.** | *Or:* | **Kyrie, eleison.** |

Pr. You came to call sinners:

| Christ, have mercy. | *Or:* | Christe, eleison. |
| **R. Christ, have mercy.** | *Or:* | **Christe, eleison.** |

Pr. You are seated at the right hand of the Father to intercede for us:

| Lord, have mercy. | *Or:* | Kyrie, eleison. |
| **R. Lord, have mercy.** | *Or:* | **Kyrie, eleison.** |

The absolution by the Priest follows:

Pr. May almighty God have mercy on us,
forgive us our sins,
and bring us to everlasting life.

R. Amen.

The Kyrie, eleison *(Lord, have mercy) invocations follow, unless they have just occurred.*

Pr. Lord, have mercy.	**R. Lord, have mercy.**
Pr. Christ, have mercy.	**R. Christ, have mercy.**
Pr. Lord, have mercy.	**R. Lord, have mercy.**

Or:

Pr. Kyrie, eleison.	**R. Kyrie, eleison.**
Pr. Christe, eleison.	**R. Christe, eleison.**
Pr. Kyrie, eleison.	**R. Kyrie, eleison.**

3. S. Tú que has enviado a sanar los corazones afligidos:
Señor, ten piedad.
A. Señor, ten piedad.
S. Tú que has venido a llamar a los pecadores:
Cristo, ten piedad.
A. Cristo, ten piedad.
S. Tú que estás sentado a la derecha del Padre para interceder por nosotros:
Señor, ten piedad.
A. Señor, ten piedad.
El sacerdote concluye con la absolución:
S. Dios todopoderoso tenga misericordia de nosotros,
perdone nuestros pecados
nos lleve a la vida eterna.
A. Amén.

Kyrie: Siguen las invocaciones de desagravio que rezan alternadamente el sacerdote y los fieles:
S. Señor, ten piedad.
A. Señor, ten piedad.
S. Cristo, ten piedad.
A. Cristo, ten piedad.
S. Señor, ten piedad.
A. Señor, ten piedad.

The Gloria

On Sundays (outside of Advent and Lent), Solemnities and Feast Days, this hymn is either sung or said:

**Glory to God in the highest,
and on earth peace to people of good will.**

**We praise you,
we bless you,
we adore you,
we glorify you,
we give you thanks for your great glory,
Lord God, heavenly King,
O God, almighty Father.**

**Lord Jesus Christ, Only Begotten Son,
Lord God, Lamb of God, Son of the Father,
you take away the sins of the world, have mercy on us;
you take away the sins of the world, receive our prayer;
you are seated at the right hand of the Father,
    have mercy on us.
For you alone are the Holy One,
you alone are the Lord,
you alone are the Most High,
Jesus Christ,
with the Holy Spirit,
in the glory of God the Father.
Amen.**

Gloria

Si es festivo, acto seguido todos rezan El Gloria:
Gloria a Dios en el Cielo,
y en la tierra paz a los hombres que ama el Señor.
Por tu inmensa gloria te alabamos,
te bendecimos,
te adoramos,
te glorificamos,
te damos gracias,
Señor Dios, Rey celestial,
Dios Padre todopoderoso.
Señor, Hijo único, Jesucristo,
Señor Dios, Cordero de Dios, Hijo del Padre:
tú que quitas el pecado del mundo, ten piedad de
**   nosotros;**
tú que quitas el pecado del mundo, atiende nuestra
**   súplica;**
tú que estás sentado a la derecha del Padre,
**   ten piedad de nosotros:**
porque sólo tú eres Santo,
sólo tú Señor, sólo tú Altísimo,
Jesucristo,
con el Espíritu Santo
en la gloria de Dios Padre.
Amén.

When this hymn is concluded, the Priest, says:
Pr. Let us pray.
And all pray in silence. Then the Priest says the Collect prayer, which ends:
R. Amen.

THE LITURGY OF THE WORD

By hearing the word proclaimed in worship, the faithful again enter into a dialogue with God.

First Reading

The reader goes to the ambo and proclaims the First Reading, while all sit and listen. The reader ends:
The word of the Lord.
R. Thanks be to God.
It is appropriate to have a brief time of quiet between readings as those present take the word of God to heart.

Psalm

The psalmist or cantor sings or says the Psalm, with the people making the response.

Second Reading

On Sundays and certain other days there is a second reading. It concludes with the same response as above.

Gospel

The assembly stands for the Gospel Acclamation. Except during Lent the Acclamation is:
R. Alleluia

Concluido el himno, el sacerdote dice:
S. Oremos.
Entonces, recita la 'Oración Colecta' designada para el día, y al final el pueblo aclama:
A. Amén.

LITURGIA DE LA PALABRA

Primera Lectura

Los domingos se toma del Antiguo Testamento, excepto en el Tiempo Pascual, en que se toma de los Hechos de los Apóstoles. Si es costumbre, puede leer alguno de los asistentes. Al terminar:
Palabra de Dios.
A. Te alabamos, Señor.

Salmo Responsorial

Hay una parte denominada Salmo Responsorial que el pueblo repite intercaladamente. Sólo se hace una segunda lectura los domingos y las solemnidades.

Segunda Lectura

Sólo se hace una segunda lectura los domingos y las solemnidades.

Evangelio

Seguidamente se canta o recita el Aleluya designado para ese día.

During Lent the following forms are used:

R. Praise to you, O Christ, king of eternal glory! *Or*:

R. Praise and honour to you, Lord Jesus! *Or*:

R. Glory and praise to you, O Christ! *Or*:

R. Glory to you, O Christ, you are the Word of God!

At the ambo the Deacon, or the Priest says:

Pr. The Lord be with you.

R. And with your spirit.

Pr. A reading from the holy Gospel according to *N*.

He makes the Sign of the Cross on the book and, together with the people, on his forehead, lips, and breast.

R. Glory to you, O Lord.

At the end of the Gospel:

Pr. The Gospel of the Lord.

R. Praise to you, Lord Jesus Christ.

After the Gospel all sit to listen to the homily.

The Homily

Then follows the Homily, which is preached by a Priest or Deacon on all Sundays and Holydays of Obligation. After a brief silence all stand.

The Creed

On Sundays and Solemnities, the Profession of Faith will follow. The Apostles' Creed may be used.

S. El Señor esté con vosotros.

A. Y con tu espíritu.

S. Lectura del Santo Evangelio según san *N*.

A. Gloria a ti, Señor.

Una vez leído el Evangelio, el sacerdote dice:

S. Palabra del Señor .

A. Gloria a ti, Señor Jesús.

El sacerdote besa el libro, diciendo en voz baja:

S. Que las palabras del Evangelio borren nuestros pecados.

Homilía

En la homilía, el sacerdote explica la palabra que acaba de ser proclamada, mostrando su relación con la Eucaristía y su incidencia en la vida de cada uno.

La asamblea se pone en pie para hacer la profesión de fe:

The Niceno-Constantinopolitan Creed

I believe in one God,
the Father almighty,
maker of heaven and earth,
of all things visible and invisible.

I believe in one Lord Jesus Christ,
the Only Begotten Son of God,
born of the Father before all ages.
God from God, Light from Light,
true God from true God,
begotten, not made, consubstantial with the Father;
through him all things were made.
For us men and for our salvation
he came down from heaven, (*all bow*)
and by the Holy Spirit was incarnate of the Virgin Mary,
and became man.

For our sake he was crucified under Pontius Pilate,
he suffered death and was buried,
and rose again on the third day
in accordance with the Scriptures.
He ascended into heaven
and is seated at the right hand of the Father.
He will come again in glory
to judge the living and the dead
and his kingdom will have no end.

I believe in the Holy Spirit, the Lord, the giver of life,
who proceeds from the Father and the Son,

Credo

**Creo en un solo Dios,
Padre todopoderoso;
Creador del cielo y de la tierra,
de todo lo visible y lo invisible.**

**Creo en un solo Señor, Jesucristo,
Hijo único de Dios,
nacido del Padre antes de todos los siglos:
Dios de Dios, Luz de Luz,
Dios verdadero de Dios verdadero,
engendrado, no creado,
de la misma naturaleza que el Padre,
por quien todo fue hecho;
que por nosotros, los hombres,
y por nuestra salvación bajó del cielo,
y por obra del Espíritu Santo se encarnó de María,
la Virgen,
y se hizo hombre;
y por nuestra causa fue crucificado
en tiempos de Poncio Pilato;
padeció y fue sepultado,
y resucitó al tercer día, según las Escrituras,
y subió al cielo, y está sentado a la derecha del Padre;
y de nuevo vendrá con gloria
para juzgar a vivos y muertos,
y su reino no tendrá fin.**

**Creo en el Espíritu Santo, Señor y dador de vida,
que procede del Padre y del Hijo,**

who with the Father and the Son is adored and glorified,
who has spoken through the prophets.

I believe in one, holy, catholic and apostolic Church.
I confess one Baptism for the forgiveness of sins
and I look forward to the resurrection of the dead
and the life of the world to come. Amen.

The Apostles' Creed

I believe in God,
the Father almighty
Creator of heaven and earth,
and in Jesus Christ, his only Son, our Lord, (*all bow*)
who was conceived by the Holy Spirit,
born of the Virgin Mary,
suffered under Pontius Pilate,
was crucified, died and was buried;
he descended into hell;
on the third day he rose again from the dead;
he ascended into heaven,
and is seated at the right hand of God
   the Father almighty;
from there he will come to judge the living and the dead.

I believe in the Holy Spirit,
the holy catholic Church,
the communion of saints,
the forgiveness of sins,
the resurrection of the body,
and life everlasting. Amen.

que con el Padre y el Hijo recibe una misma adoración y gloria, y que habló por los profetas.

Creo en la Iglesia, que es una, santa, católica y apostólica. Confieso que hay un solo Bautismo para el perdón de los pecados. Espero la resurrección de los muertos y la vida del mundo futuro. Amén.

Credo Apostólico

Creo en Dios, Padre todopoderoso,
Creador del cielo y de la tierra.
Creo en Jesucristo, su único Hijo, nuestro Señor,
(*Se inclina levemente la cabeza en señal de respeto.*)
que fue concebido por obra y gracia del Espíritu Santo,
nació de santa María Virgen;
(*Se finaliza la inclinación de la cabeza.*)
padeció bajo el poder de Poncio Pilato,
fue crucificado, muerto y sepultado,
descendió a los infiernos,
al tercer día resucitó de entre los muertos,
subió a los cielos y está sentado a la derecha de Dios
Padre, todopoderoso.
Desde allí ha de venir a juzgar a vivos y muertos.

Creo en el Espíritu Santo,
la santa Iglesia católica,
la comunión de los santos,
el perdón de los pecados,
la resurrección de la carne y
la vida eterna. Amén.

The Prayer of the Faithful (Bidding Prayers)

Intentions will normally be for the Church; for the world; for those in particular need; and for the local community. After each there is time for silent prayer, followed by the next intention, or concluded with a sung phrase such as **Christ, hear us***, or* **Christ graciously hear us***, or by a responsory such as*:

Let us pray to the Lord.

R. Grant this, almighty God. *Or*:

R. Lord, have mercy. *Or*:

R. Kyrie, eleison.

The Priest concludes the Prayer with a collect.

THE LITURGY OF THE EUCHARIST

For Catholics, the Eucharist is the source and summit of the whole Christian Life.

After the Liturgy of the Word, the people sit and the Offertory Chant begins. The faithful express their participation by making an offering, bringing forward bread and wine for the celebration of the Eucharist.

Preparatory Prayers

Standing at the altar, the Priest takes the paten with the bread and holds it slightly raised above the altar with both hands, saying:

Oración de los Fieles

A continuación, se hace la 'Oración de los fieles' o preces, que son unas plegarias que el sacerdote o algún asistente va leyendo y el pueblo responde:

A. Te rogamos, óyenos.

LITURGIA EUCARÍSTICA

Presentación de las ofrendas

El sacerdote presenta a Dios los dones del pan y del vino que, por la Consagración, se convertirán en el Cuerpo y la Sangre del Señor.

Esta parte se conoce como el 'Ofertorio'. Al ofrecer el pan, el sacerdote dice:

Pr. Blessed are you, Lord God of all creation,
for through your goodness we have received
the bread we offer you:
fruit of the earth and work of human hands,
it will become for us the bread of life.

R. Blessed be God for ever.

*The Priest then takes the chalice and holds it slightly
raised above the altar with both hands, saying*:

Pr. Blessed are you, Lord God of all creation,
for through your goodness we have received
the wine we offer you:
fruit of the vine and work of human hands,
it will become our spiritual drink.

R. Blessed be God for ever.

*The Priest completes additional personal preparatory
rites, and the people rise as he says:*

Pr. Pray, brethren (brothers and sisters),
that my sacrifice and yours
may be acceptable to God,
the almighty Father.

**R. May the Lord accept the sacrifice at your hands
for the praise and glory of his name,
for our good
and the good of all his holy Church.**

S. Bendito seas, Señor,
Dios del universo por este pan,
fruto de la tierra y del trabajo del hombre,
que recibimos de tu generosidad y ahora te presentamos:
él será para nosotros pan de vida.
A. Bendito seas por siempre, Señor.
Al ofrecer el vino, el sacerdote dice:

S. Bendito seas, Señor, Dios del universo,
por este vino, fruto de la vid y del trabajo del hombre,
que recibimos de tu generosidad y ahora te presentamos:
él será para nosotros bebida de salvación.

A. Bendito seas por siempre, Señor.
*El celebrante se va al centro del altar y, de cara al pueblo,
dice:*
S. Orad, hermanos,
para que este sacrificio,
mío y vuestro, sea agradable a Dios,
Padre todopoderoso.
**A. El Señor reciba de tus manos este sacrificio,
para alabanza y gloria de su Nombre,
para nuestro bien
y el de toda su Santa Iglesia.**

The Prayer over the Offerings

The Priest concludes the Prayer over the Offerings: **R. Amen.**

The Eucharistic Prayer

Extending his hands, the Priest says:

Pr. The Lord be with you.

R. And with your spirit.

Pr. Lift up your hearts.

R. We lift them up to the Lord.

Pr. Let us give thanks to the Lord our God.

R. It is right and just.

At the end of the Preface all sing or say:

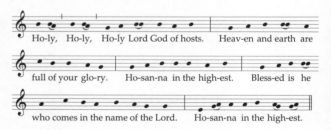

Holy, Holy, Holy Lord God of hosts.

Heaven and earth are full of your glory.

Hosanna in the highest.

Blessed is he who comes in the name of the Lord.

Hosanna in the highest.

After the Sanctus the congregation kneels.

Oración sobre las ofrendas

El sacerdote lee la 'Oración sobre las ofrendas' prevista para ese día. **A. Amén.**

Plegaria Eucarística

S. El Señor esté con vosotros.

A. Y con tu espíritu.

S. Levantemos el corazón.

A. Lo tenemos levantado hacia el Señor.

S. Demos gracias al Señor, nuestro Dios.

A. Es justo y necesario.

El sacerdote lee el Prefacio correspondiente a ese día, a cuyo término todos dicen:

Santo, Santo, Santo es el Señor, Dios del Universo.
Llenos están el cielo y la tierra de tu gloria.
Hosanna en el cielo.
Bendito el que viene en nombre del Señor.
Hosanna en el cielo.

Eucharistic Prayer I
(The Roman Canon)

Pr. To you, therefore, most merciful Father,
we make humble prayer and petition
through Jesus Christ, your Son, our Lord:
that you accept
and bless ✠ these gifts, these offerings,
these holy and unblemished sacrifices,
which we offer you firstly
for your holy catholic Church.
Be pleased to grant her peace,
to guard, unite and govern her
throughout the whole world,
together with your servant *N.* our Pope and *N.* our Bishop,
and all those who, holding to the truth,
hand on the catholic and apostolic faith.

Remember, Lord, your servants *N.* and *N.*
and all gathered here,
whose faith and devotion are known to you.
For them, we offer you this sacrifice of praise
or they offer it for themselves
and all who are dear to them:
for the redemption of their souls,
in hope of health and well-being,
and paying their homage to you,
the eternal God, living and true.

Plegaria Eucarística I

S. A ti, pues, Padre misericordioso,
te pedimos humildemente
por Jesucristo, tu Hijo, nuestro Señor,
que aceptes
y bendigas estos † dones, este sacrificio santo
y puro que te ofrecemos,
ante todo, por tu Iglesia santa y católica,
para que le concedas la paz,
la protejas, la congregues en la unidad y la gobiernes en
el mundo entero,
con tu servidor el Papa N, con nuestro Obispo *N*.
y todos los demás obispos que,
fieles a la verdad,
promueven la fe católica y apostólica.
Acuérdate, Señor, de tus hijos
(aquí se puede hacer una oración por los vivos)
y de todos los aquí reunidos,
cuya fe y entrega bien conoces;
por ellos y todos los suyos,
por el perdón de sus pecados
y la salvación que esperan, te ofrecemos,
y ellos mismos te ofrecen,
este sacrificio de alabanza, a ti, eterno Dios,
vivo y verdadero.

In communion with those whose memory we venerate,
especially the glorious ever-Virgin Mary,
Mother of our God and Lord, Jesus Christ,
and blessed Joseph, her Spouse,
your blessed Apostles and Martyrs,
Peter and Paul, Andrew,
(James, John,
Thomas, James, Philip,
Bartholomew, Matthew,
Simon and Jude;
Linus, Cletus, Clement, Sixtus,
Cornelius, Cyprian,
Lawrence, Chrysogonus,
John and Paul,
Cosmas and Damian)
and all your Saints;
we ask that through their merits and prayers,
in all things we may be defended
by your protecting help.
(Through Christ our Lord. Amen.)

Therefore, Lord, we pray:
graciously accept this oblation of our service,
that of your whole family;
order our days in your peace,
and command that we be delivered
from eternal damnation
and counted among the flock of those you have chosen.
(Through Christ our Lord. Amen.)

Reunidos en comunión con toda la Iglesia,
veneramos la memoria, ante todo, de la gloriosa siempre
Virgen María,
Madre de Jesucristo, nuestro Dios y Señor;
la de su esposo, San José;
la de los santos apóstoles y mártires
Pedro y Pablo, Andrés,
(Santiago y Juan,
Tomás, Santiago, Felipe,
Bartolomé, Mateo,
Simón y Tadeo;
Lino, Cleto, Clemente, Sixto,
Cornelio, Cipriano,
Lorenzo, Crisógono,
Juan y Pablo,
Cosme y Damián)
y la de todos los santos;
por sus méritos y oraciones
concédenos en todo tu protección.
Por Cristo, nuestro Señor. Amén.

Acepta, Señor, en tu bondad,
esta ofrenda de tus siervos y de toda tu familia santa;
ordena en tu paz nuestros días,
líbranos de la condenación eterna y cuéntanos entre
    tus elegidos.
(Por Cristo nuestro Señor. Amén.)

Be pleased, O God, we pray,
to bless, acknowledge,
and approve this offering in every respect;
make it spiritual and acceptable,
so that it may become for us
the Body and Blood of your most beloved Son,
our Lord Jesus Christ.
On the day before he was to suffer,
he took bread in his holy and venerable hands,
and with eyes raised to heaven
to you, O God, his almighty Father,
giving you thanks, he said the blessing,
broke the bread
and gave it to his disciples, saying:

> TAKE THIS, ALL OF YOU, AND EAT OF IT,
> FOR THIS IS MY BODY,
> WHICH WILL BE GIVEN UP FOR YOU.

In a similar way, when supper was ended,
he took this precious chalice
in his holy and venerable hands,
and once more giving you thanks, he said the blessing
and gave the chalice to his disciples, saying:

> TAKE THIS, ALL OF YOU, AND DRINK FROM IT,
> FOR THIS IS THE CHALICE OF MY BLOOD,
> THE BLOOD OF THE NEW AND ETERNAL COVENANT,
> WHICH WILL BE POURED OUT FOR YOU AND FOR MANY
> FOR THE FORGIVENESS OF SINS.
>
> DO THIS IN MEMORY OF ME.'

Bendice y acepta, oh Padre,
esta ofrenda, haciéndola espiritual,
para que sea para nosotros
Cuerpo y Sangre de tu Hijo amado,
Jesucristo, nuestro Señor.
El cual, la víspera de su Pasión,
tomó pan en sus santas y venerables manos,
y elevando los ojos al cielo,
hacia ti, Dios,
Padre suyo todopoderoso,
dándote gracias y bendiciendo,
lo partió,
y lo dio a sus discípulos, diciendo:

Tomad y comed todos de él,

porque esto es mi Cuerpo,

que será entregado por vosotros.

Del mismo modo, acabada la cena,
tomó este cáliz glorioso en sus santas
y venerables manos; dándote gracias
y bendiciendo, lo dio a sus discípulos, diciendo:

Tomad y bebed todos de él,

porque éste es el cáliz de mi Sangre,

Sangre de la alianza nueva y eterna

que será derramada por vosotros

y por todos los hombres

para el perdón de los pecados.

Haced esto en conmemoración mía.

Pr. The mystery of faith.

The people continue, acclaiming one of the following:

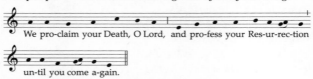

We pro-claim your Death, O Lord, and pro-fess your Res-ur-rec-tion un-til you come a-gain.

**1. We proclaim your Death, O Lord,
and profess your Resurrection
until you come again.**

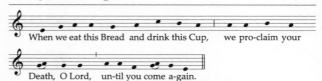

When we eat this Bread and drink this Cup, we pro-claim your Death, O Lord, un-til you come a-gain.

**2. When we eat this Bread and drink this Cup,
we proclaim your Death, O Lord,
until you come again.**

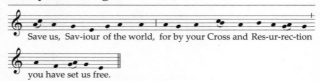

Save us, Sav-iour of the world, for by your Cross and Res-ur-rec-tion you have set us free.

**3. Save us, Saviour of the world,
for by your Cross and Resurrection
you have set us free.**

S. Este es el sacramento de nuestra fe:

**1. Anunciamos tu muerte,
proclamamos tu resurrección.
¡Ven, Señor Jesús!**

**2. Cada vez que comemos de este pan
y bebemos de este cáliz,
anunciamos tu muerte, Señor,
hasta que vuelvas.**

**3. Por tu cruz y resurrección nos has salvado,
Señor.**

Pr. Therefore, O Lord,
as we celebrate the memorial of the blessed Passion,
the Resurrection from the dead,
and the glorious Ascension into heaven
of Christ, your Son, our Lord,
we, your servants and your holy people,
offer to your glorious majesty
from the gifts that you have given us,
this pure victim,
this holy victim,
this spotless victim,
the holy Bread of eternal life
and the Chalice of everlasting salvation.

Be pleased to look upon these offerings
with a serene and kindly countenance,
and to accept them,
as once you were pleased to accept
the gifts of your servant Abel the just,
the sacrifice of Abraham, our father in faith,
and the offering of your high priest Melchizedek,
a holy sacrifice, a spotless victim.

In humble prayer we ask you, almighty God:
command that these gifts be borne
by the hands of your holy Angel
to your altar on high
in the sight of your divine majesty,
so that all of us, who through this participation at the altar

S. Por eso, Señor, nosotros,
tus siervos, y todo tu pueblo santo, al celebrar este memorial
de la pasión gloriosa de Jesucristo, tu Hijo,
nuestro Señor; de su santa resurrección del lugar de los muertos
y de su admirable ascensión a los cielos,
te ofrecemos, Dios de gloria y majestad,
de los mismos bienes que nos has dado,
el sacrificio puro,
inmaculado y santo:
pan de vida eterna y cáliz de eterna salvación.

Mira con ojos de bondad
esta ofrenda y acéptala,
como aceptaste los dones del justo Abel,
el sacrificio de Abrahán,
nuestro padre en la fe,
y la oblación pura de tu sumo sacerdote Melquisedec.

Te pedimos humildemente,
Dios todopoderoso, que esta ofrenda sea llevada a tu
presencia, hasta el altar del cielo,
por manos de tu ángel,
para que cuantos recibimos el Cuerpo y la Sangre de tu
Hijo al participar aquí de tu altar,
seamos colmados de gracia y bendición.
(Por Cristo, nuestro Señor. Amén)
Acuérdate también, Señor,

receive the most holy Body and Blood of your Son,
may be filled with every grace and heavenly blessing.
(Through Christ our Lord. Amen.)

Remember also, Lord, your servants *N.* and *N.*,
who have gone before us with the sign of faith
and rest in the sleep of peace.
Grant them, O Lord, we pray,
and all who sleep in Christ,
a place of refreshment, light and peace.
(Through Christ our Lord. Amen.)
To us, also, your servants, who, though sinners,
hope in your abundant mercies,
graciously grant some share
and fellowship with your holy Apostles and Martyrs:
with John the Baptist, Stephen,
Matthias, Barnabas,
(Ignatius, Alexander,
Marcellinus, Peter,
Felicity, Perpetua,
Agatha, Lucy,
Agnes, Cecilia, Anastasia)
and all your Saints;
admit us, we beseech you,
into their company,
not weighing our merits,
but granting us your pardon,
through Christ our Lord.

de nuestros hermanos difuntos que nos han precedido con
el signo de la fe y duermen ya el sueño de la paz.
(Aquí se puede hacer una oración por los difuntos).
A ellos, Señor,
y a cuantos descansan en Cristo,
concédeles el lugar del consuelo,
de la luz y de la paz.
Y a nosotros, pecadores, siervos tuyos, que confiamos en
tu infinita misericordia, admítenos en la asamblea de los
santos apóstoles y mártires
Juan el Bautista, Esteban,
Matías y Bernabé,
(Ignacio, Alejandro,
Marcelino y Pedro,
Felicidad y Perpetua,
Águeda, Lucía,
Inés, Cecilia, Anastasia)
y de todos los santos;
y acéptanos en su compañía no por nuestros méritos,
sino conforme a tu bondad.
Por Cristo, Señor, nuestro,
por quien sigues creando todos los bienes, los santificas,
los llenas de vida, los bendices
y los repartes entre nosotros.

Through whom
you continue to make all these good things, O Lord;
you sanctify them, fill them with life,
bless them, and bestow them upon us.

The Priest takes the chalice and the paten with the host:
Pr. Through him, and with him, and in him,
O God, almighty Father,
in the unity of the Holy Spirit,
all glory and honour is yours,
for ever and ever.
R. Amen.
Then follows the Communion Rite, p. 66.

Eucharistic Prayer II

Pr. The Lord be with you.
R. And with your spirit.
Pr. Lift up your hearts.
R. We lift them up to the Lord.
Pr. Let us give thanks to the Lord our God.
R. It is right and just.
Pr. It is truly right and just, our duty and our salvation,
always and everywhere to give you thanks, Father most holy,
through your beloved Son, Jesus Christ,
your Word through whom you made all things,
whom you sent as our Saviour and Redeemer,
incarnate by the Holy Spirit and born of the Virgin.

Al finalizar esta parte, el sacerdote toma la patena, con la
Hostia consagrada, y el cáliz y, sosteniéndolos elevados,
dice:
Por Cristo, con él y en él, a ti,
Dios Padre omnipotente,
en la unidad del Espíritu Santo,
todo honor y toda gloria
por los siglos de los siglos.
R. Amén.
Rito de Comunión, p. 67.

___

Plegaria Eucarística II

S. El Señor esté con vosotros.
A. Y con tu espíritu.
S. Levantemos el corazón.
A. Lo tenemos levantado hacia el Señor.
S. Demos gracias al Señor, nuestro Dios.
A. Es justo y necesario.
En verdad es justo y necesario,
es nuestro deber y salvación
darte gracias, Padre Santo, siempre y en todo lugar,
por Jesucristo, tu Hijo amado.
Por él, que es tu Palabra, hiciste todas las cosas;
tú nos lo enviaste para que,
hecho hombre por obra del Espíritu Santo

Fulfilling your will and gaining for you a holy people,
he stretched out his hands as he endured his Passion,
so as to break the bonds of death and manifest
   the resurrection.

And so, with the Angels and all the Saints
we declare your glory,
as with one voice we acclaim:
The people sing or say aloud the Sanctus as on page 26.

Pr. You are indeed Holy, O Lord,
the fount of all holiness.
Make holy, therefore, these gifts, we pray,
by sending down your Spirit upon them like the dewfall,
so that they may become for us
the Body and ✠ Blood of our Lord Jesus Christ.

At the time he was betrayed
and entered willingly into his Passion,
he took bread and, giving thanks, broke it,
and gave it to his disciples, saying:

> 'TAKE THIS, ALL OF YOU, AND EAT OF IT,
> FOR THIS IS MY BODY,
> WHICH WILL BE GIVEN UP FOR YOU.'

In a similar way, when supper was ended,
he took the chalice
and, once more giving thanks,
he gave it to his disciples, saying:

y nacido de María, la Virgen,
fuera nuestro Salvador y Redentor.
Él, en cumplimiento de tu voluntad,
para destruir la muerte y manifestar la resurrección,
extendió sus brazos en la cruz,
y así adquirió para ti un pueblo santo.
Por eso, con los ángeles y los santos,
proclamamos tu gloria, diciendo:
Santo p. 27.

S. Santo eres en verdad Señor,
fuente de toda santidad:
santifica estos dones
con la efusión de tu Espíritu,
de manera que sean para nosotros
Cuerpo y † Sangre de Jesucristo, nuestro Señor.
El cual, cuando iba a ser entregado a su Pasión,
voluntariamente aceptada,
tomó pan, dándote gracias, lo partió
y lo dio a sus discípulos diciendo:

'TOMAD Y COMED TODOS DE ÉL,
PORQUE ESTO ES MI CUERPO,
QUE SERÁ ENTREGADO POR VOSOTROS.'

Del mismo modo, acabada la cena,
tomó el cáliz y dándote gracias de nuevo,
lo pasó a sus discípulos, diciendo:

'TAKE THIS, ALL OF YOU, AND DRINK FROM IT,
FOR THIS IS THE CHALICE OF MY BLOOD,
THE BLOOD OF THE NEW AND ETERNAL COVENANT,
WHICH WILL BE POURED OUT FOR YOU AND FOR MANY
FOR THE FORGIVENESS OF SINS.

DO THIS IN MEMORY OF ME.'

Pr. The mystery of faith.
The people continue with one of the acclamations, p. 34.
Pr. Therefore, as we celebrate
the memorial of his Death and Resurrection,
we offer you, Lord,
the Bread of life and the Chalice of salvation,
giving thanks that you have held us worthy
to be in your presence and minister to you.
Humbly we pray
that, partaking of the Body and Blood of Christ,
we may be gathered into one by the Holy Spirit.

Remember, Lord, your Church,
spread throughout the world,
and bring her to the fullness of charity,
together with *N.* our Pope and *N.* our Bishop
and all the clergy.

———————————

In Masses for the Dead, the following may be added:
Remember your servant *N.*,
whom you have called (today)
from this world to yourself.

'Tomad y bebed todos de él,
porque éste es el cáliz de mi Sangre,
Sangre de la alianza nueva y eterna,
que será derramada por vosotros
y por todos los hombres
para el perdón de los pecados.

Haced esto en conmemoración mía.'

S. Este es el sacramento de nuestra fe.
Aclamación de la asamblea: p 35.
S. Así, pues, Padre,
al celebrar ahora el memorial
de la muerte y resurrección de tu Hijo,
te ofrecemos el pan de vida y el cáliz de salvación,
y te damos gracias porque nos haces dignos
de servirte en tu presencia
celebrando esta liturgia.
Te pedimos humildemente
que el Espíritu Santo congregue en la unidad
a cuantos participamos del Cuerpo y Sangre de Cristo.
Acuérdate, Señor, de tu Iglesia extendida por toda la tierra;
y con el Papa *N.*, nuestro Obispo *N.*
y todos los pastores que cuidan de tu pueblo,
llévala a su perfección por la caridad.

Grant that he (she) who was united with your Son
   in a death like his,
may also be one with him in his Resurrection.

Remember also our brothers and sisters
who have fallen asleep in the hope of the resurrection,
and all who have died in your mercy:
welcome them into the light of your face.
Have mercy on us all, we pray,
that with the Blessed Virgin Mary, Mother of God,
with blessed Joseph, her Spouse,
with the blessed Apostles,
and all the Saints who have pleased you throughout the ages,
we may merit to be coheirs to eternal life,
and may praise and glorify you
through your Son, Jesus Christ.

The Priest takes the chalice and the paten with the host:
Through him, and with him, and in him,
O God, almighty Father,
in the unity of the Holy Spirit,
all glory and honour is yours,
for ever and ever.
R. Amen.
Then follows the Communion Rite, p. 66.

Acuérdate también de nuestros hermanos
que durmieron en la esperanza de la resurrección,
y de todos los que han muerto en tu misericordia;
 admítelos a contemplar la luz de tu rostro.
Ten misericordia de todos nosotros,
y así, con María, la Virgen Madre de Dios,
su esposo san José,
los apóstoles
y cuantos vivieron en tu amistad
a través de los tiempos,
merezcamos, por tu Hijo Jesucristo,
compartir la vida eterna y cantar tus alabanzas.

Por Cristo, con él y en él,
a ti, Dios Padre omnipotente,
en la unidad del Espíritu Santo,
todo honor y toda gloria
por los siglos de los siglos.
Amén.
Rito de Comunión, p. 67.

Eucharistic Prayer III

Pr. You are indeed Holy, O Lord,
and all you have created
rightly gives you praise,
for through your Son our Lord Jesus Christ,
by the power and working of the Holy Spirit,
you give life to all things and make them holy,
and you never cease to gather a people to yourself,
so that from the rising of the sun to its setting
a pure sacrifice may be offered to your name.

Therefore, O Lord, we humbly implore you:
by the same Spirit graciously make holy
these gifts we have brought to you for consecration,
that they may become the Body and ✠ Blood
of your Son our Lord Jesus Christ,
at whose command we celebrate these mysteries.

For on the night he was betrayed
he himself took bread,
and, giving you thanks, he said the blessing,
broke the bread and gave it to his disciples, saying:

> 'TAKE THIS, ALL OF YOU,
> AND EAT OF IT, FOR THIS IS MY BODY,
> WHICH WILL BE GIVEN UP FOR YOU.'

In a similar way, when supper was ended,
he took the chalice,
and, giving you thanks, he said the blessing,
and gave the chalice to his disciples, saying:

Plegaria Eucarística III

S. Santo eres, en verdad, Padre,
y con razón te alaban todas tus criaturas,
ya que por Jesucristo, tu Hijo, Señor nuestro,
con la fuerza del Espíritu Santo,
das vida y santificas todo,
y congregas a tu pueblo sin cesar,
para que ofrezca en tu honor
un sacrificio sin mancha
desde donde sale el sol hasta el ocaso.

Por eso, Padre, te suplicamos
que santifiques por el mismo espíritu
estos dones que hemos separado para ti,
de manera que sean Cuerpo y † Sangre de Jesucristo,
Hijo tuyo y Señor nuestro,
que nos mandó a celebrar estos misterios.

Porque él mismo,
la noche en que iba a ser entregado,
tomó pan, y dando gracias te bendijo
lo partió y lo dio a sus discípulos, diciendo:

TOMAD Y COMED TODOS DE ÉL,

PORQUE ESTO ES MI CUERPO,

QUE SERÁ ENTREGADO POR VOSOTROS.

Del mismo modo, acabada la cena,
tomó el cáliz y,
dándote gracias de nuevo,
lo pasó a sus discípulos, diciendo:

'TAKE THIS, ALL OF YOU, AND DRINK FROM IT,
FOR THIS IS THE CHALICE OF MY BLOOD
THE BLOOD OF THE NEW AND ETERNAL COVENANT,
WHICH WILL BE POURED OUT FOR YOU AND FOR MANY
FOR THE FORGIVENESS OF SINS.

DO THIS IN MEMORY OF ME.'

Pr. The mystery of faith.
The people continue with one of the acclamations, p. 34.
Pr. Therefore, O Lord, as we celebrate the memorial
of the saving Passion of your Son,
his wondrous Resurrection
and Ascension into heaven,
and as we look forward to his second coming,
we offer you in thanksgiving
this holy and living sacrifice.

Look, we pray, upon the oblation of your Church
and, recognizing the sacrificial Victim by whose death
you willed to reconcile us to yourself,
grant that we, who are nourished
by the Body and Blood of your Son
and filled with his Holy Spirit,
may become one body, one spirit in Christ.

May he make of us
an eternal offering to you,
so that we may obtain an inheritance with your elect,

TOMAD Y BEBED TODOS DE ÉL,
PORQUE ÉSTE ES EL CÁLIZ DE MI SANGRE,
SANGRE DE LA ALIANZA NUEVA, Y ETERNA,
QUE SERÁ DERRAMADA POR VOSOTROS
Y POR TODOS LOS HOMBRES
PARA EL PERDÓN DE LOS PECADOS.

HACED ESTO EN CONMEMORACIÓN MÍA.

S. Éste es el Sacramento de nuestra fe.
Aclamación de la asamblea, p. 35.
S. Así, pues, Padre,
al celebrar ahora el memorial
de la pasión salvadora de tu Hijo,
de su admirable resurrección y ascensión al cielo,
mientras esperamos su venida gloriosa,
te ofrecemos en esta acción de gracias,
el sacrificio vivo y santo.

Dirige tu mirada sobre la ofrenda de tu Iglesia,
y reconoce en ella la Víctima
por cuya inmolación
quisiste devolvernos tu amistad,
para que, fortalecidos con el Cuerpo y la Sangre de tu Hijo
y llenos de tu Espíritu Santo,
formemos en Cristo un solo cuerpo y un solo espíritu.

Que él nos transforme en ofrenda permanente,
para que gocemos de tu heredad junto con tus elegidos:

especially with the most Blessed Virgin Mary, Mother of God,
with blessed Joseph, her Spouse,
with your blessed Apostles and glorious Martyrs
(with Saint *N.: the Saint of the day or Patron Saint*)
and with all the Saints,
on whose constant intercession in your presence
we rely for unfailing help.

May this Sacrifice of our reconciliation,
we pray, O Lord,
advance the peace and salvation of all the world.
Be pleased to confirm in faith and charity
your pilgrim Church on earth,
with your servant *N.* our Pope and *N.* our Bishop,
the Order of Bishops, all the clergy,
and the entire people you have gained for your own.

Listen graciously to the prayers of this family,
whom you have summoned before you:
in your compassion, O merciful Father,
gather to yourself all your children
scattered throughout the world.

† To our departed brothers and sisters
and to all who were pleasing to you
at their passing from this life,
give kind admittance to your kingdom.
There we hope to enjoy for ever the fullness of your glory
through Christ our Lord,
through whom you bestow on the world all that is good.†

con María, la Virgen Madre de Dios,
su esposo san José,
los apóstoles y los mártires, y todos los santos,
por cuya intercesión
confiamos obtener tu ayuda.
Te pedimos, Señor,
que esta Víctima de reconciliación
traiga la paz y la salvación al mundo entero.

Confirma en la fe y en la caridad
a tu Iglesia, peregrina en la tierra;
a tu servidor, el Papa *N.*,
a nuestro Obispo *N.*,
a los presbíteros y diáconos
y a todo el pueblo redimido por ti.

Atiende los deseos y súplicas de esta familia
que has congregado en tu presencia.
Reúne en torno a ti, Padre misericordioso,
a todos tus hijos dispersos por el mundo.

A nuestros hermanos difuntos
y a cuantos murieron en tu amistad
recíbelos en tu reino,
donde esperamos gozar todos juntos
de la plenitud eterna de tu gloria,
por Cristo, Señor nuestro,
por quien concedes al mundo todos los bienes.

The Priest takes the chalice and the paten with the host:
Through him, and with him, and in him,
O God, almighty Father,
in the unity of the Holy Spirit,
all glory and honour is yours,
for ever and ever.
R. Amen.
Then follows the Communion Rite, p. 66.

When this Eucharistic Prayer is used in Masses for the Dead, the following may be said:
† Remember your servant *N*.
whom you have called (today)
from this world to yourself.
Grant that he (she) who was united with your Son
in a death like his,
may also be one with him in his Resurrection,
when from the earth
he will raise up in the flesh those who have died,
and transform our lowly body
after the pattern of his own glorious body.
To our departed brothers and sisters, too,
and to all who were pleasing to you
at their passing from this life,
give kind admittance to your kingdom.
There we hope to enjoy for ever the fullness of your glory,
when you will wipe away every tear from our eyes.

Por Cristo, con él y en él,
a ti, Dios Padre omnipotente,
en la unidad del Espíritu Santo,
todo honor y toda gloria
por los siglos de los siglos.
Amén.
Rito de Comunión p 67.

For seeing you, our God, as you are,
we shall be like you for all the ages
and praise you without end, (*He joins his hands.*)
through Christ our Lord,
through whom you bestow on the world all that is good.†

Eucharistic Prayer IV

Pr. The Lord be with you.
R. And with your spirit.
Pr. Lift up your hearts.
R. We lift them up to the Lord.
Pr. Let us give thanks to the Lord our God.
R. It is right and just.
Pr. It is truly right to give you thanks,
truly just to give you glory, Father most holy,
for you are the one God living and true,
existing before all ages and abiding for all eternity,
dwelling in unapproachable light;
yet you, who alone are good, the source of life,
have made all that is,
so that you might fill your creatures with blessings
and bring joy to many of them by the glory of your light.

And so, in your presence are countless hosts of Angels,
who serve you day and night
and, gazing upon the glory of your face,
glorify you without ceasing.

Plegaria Eucarística IV

S. El Señor esté con vosotros.

A. Y con tu espíritu.

S. Levantemos el corazón.

A. Lo tenemos levantado hacia el Señor.

S. Demos gracias al Señor, nuestro Dios.

A. Es justo y necesario.

En verdad es justo darte gracias,
y deber nuestro glorificarte, Padre santo,
porque tú eres el único Dios vivo y verdadero
que existes desde siempre
y vives para siempre; luz sobre toda luz.
Porque tú solo eres bueno y la fuente de la vida,
hiciste todas las cosas para colmarlas de tus bendiciones
y alegrar su multitud con la claridad de tu gloria.
Por eso, innumerables ángeles en tu presencia,
contemplando la gloria de tu rostro,
te sirven siempre y te glorifican sin cesar.

With them we, too, confess your name in exultation,
giving voice to every creature under heaven,
as we acclaim:
The people sing or say aloud the Sanctus as on p. 26.

Pr. We give you praise, Father most holy,
for you are great
and you have fashioned all your works
in wisdom and in love.
You formed man in your own image
and entrusted the whole world to his care,
so that in serving you alone, the Creator,
he might have dominion over all creatures.
And when through disobedience he had lost your friendship,
you did not abandon him to the domain of death.
For you came in mercy to the aid of all,
so that those who seek might find you.
Time and again you offered them covenants
and through the prophets
taught to look forward to salvation.

    And you so loved the world, Father most holy,
that in the fullness of time
you sent your Only Begotten Son to be our Saviour.
Made incarnate by the Holy Spirit
and born of the Virgin Mary,
he shared our human nature
in all things but sin.
To the poor he proclaimed the good news of salvation,

Y con ellos también nosotros, llenos de alegría,
y por nuestra voz las demás criaturas,
aclamamos tu nombre cantando:
Santo p. 27.

S. Te alabamos, Padre Santo,
porque eres grande,
porque hiciste todas las cosas con sabiduría y amor.
A imagen tuya creaste al hombre
y le encomendaste el universo entero,
para que, sirviéndote sólo a ti, su Creador,
dominara todo lo creado.
Y cuando por desobediencia perdió tu amistad,
no lo abandonaste al poder de la muerte:
sino que, compadecido, tendiste la mano a todos,
para que te encuentre el que te busca.
Reiteraste, además, tu alianza a los hombres;
por los profetas los fuiste
llevando con la esperanza de la salvación.
Y tanto amaste al mundo, Padre Santo que,
al cumplirse la plenitud de los tiempos,
nos enviaste como salvador a tu único Hijo.
El cual se encarnó por obra del Espíritu Santo,
nació de María la Virgen,
y así compartió en todo nuestra condición humana menos
en el pecado;
anunció la salvación a los pobres,

to prisoners, freedom,
and to the sorrowful of heart, joy.
To accomplish your plan,
he gave himself up to death,
and, rising from the dead,
he destroyed death and restored life.

And that we might live no longer for ourselves
but for him who died and rose again for us,
he sent the Holy Spirit from you, Father,
as the first fruits for those who believe,
so that, bringing to perfection his work in the world,
he might sanctify creation to the full.

Therefore, O Lord, we pray:
may this same Holy Spirit
graciously sanctify these offerings,
that they may become
the Body and ✠ Blood of our Lord Jesus Christ
for the celebration of this great mystery,
which he himself left us
as an eternal covenant.

For when the hour had come
for him to be glorified by you, Father most holy,
having loved his own who were in the world,
he loved them to the end:
and while they were at supper,
he took bread, blessed and broke it,
and gave it to his disciples, saying:

la liberación a los oprimidos
y a los afligidos el consuelo.
Para cumplir tus designios,
él mismo se entregó a la muerte y,
resucitando, destruyó la muerte y nos dio nueva vida.

Y porque no vivamos ya para nosotros mismos,
sino para él, que por nosotros murió y resucitó,
envió, Padre, desde tu seno al Espíritu Santo
como primicia para los creyentes,
a fin de santificar todas las cosas,
llevando a plenitud su obra en el mundo.

Que este mismo Espíritu santifique, Señor,
estas ofrendas,
para que sean Cuerpo y † Sangre de Jesucristo,
nuestro Señor, y así celebremos el gran misterio
que nos dejó como alianza eterna.

Porque él mismo,
llegada la hora en que había de ser glorificado por ti,
Padre Santo, habiendo amado a los suyos que estaban en
el mundo,
los amó hasta el extremo.
Y, mientras cenaba con sus discípulos,
tomó pan, te bendijo,
lo partió y se lo dio, diciendo:

'TAKE THIS, ALL OF YOU, AND EAT OF IT,
FOR THIS IS MY BODY,
WHICH WILL BE GIVEN UP FOR YOU.'

In a similar way,
taking the chalice filled with the fruit of the vine,
he gave thanks,
and gave the chalice to his disciples, saying:

'TAKE THIS, ALL OF YOU, AND DRINK FROM IT,
FOR THIS IS THE CHALICE OF MY BLOOD,
THE BLOOD OF THE NEW AND ETERNAL COVENANT,
WHICH WILL BE POURED OUT FOR YOU AND FOR MANY
FOR THE FORGIVENESS OF SINS.
DO THIS IN MEMORY OF ME.'

Pr. The mystery of faith.
The people continue with one of the acclamations, p. 34.

Pr. Therefore, O Lord,
as we now celebrate the memorial of our redemption,
we remember Christ's Death
and his descent to the realm of the dead,
we proclaim his Resurrection
and his Ascension to your right hand,
and, as we await his coming in glory,
we offer you his Body and Blood,
the sacrifice acceptable to you
which brings salvation to the whole world.

Look, O Lord, upon the Sacrifice
which you yourself have provided for your Church,

'TOMAD Y COMED TODOS DE ÉL,
PORQUE ESTO ES MI CUERPO,
QUE SERÁ ENTREGADO POR VOSOTROS.'

Del mismo modo,
acabada la cena, tomó el cáliz lleno del fruto de la vid,
te dio gracias,
y lo pasó a sus discípulos, diciendo:

'TOMAD Y BEBED TODOS DE ÉL,
PORQUE ESTE ES EL CÁLIZ DE MI SANGRE,
SANGRE DE LA ALIANZA NUEVA Y ETERNA,
QUE SERÁ DERRAMADA POR VOSOTROS
Y POR TODOS LOS HOMBRES
PARA EL PERDÓN DE LOS PECADOS.

HACED ESTO EN CONMEMORACIÓN MÍA.'

S. Este es el sacramento de nuestra fe.
Aclamación de la asamblea, p 35.
S. Por eso, nosotros, Señor,
al celebrar ahora el memorial
de nuestra redención,
recordamos la muerte de Cristo
y su descenso al lugar de los muertos,
proclamamos su resurrección
y ascensión a tu derecha;
y mientras esperamos su venida gloriosa,
te ofrecemos su Cuerpo y Sangre,
sacrifico agradable a ti y salvación para todo el mundo.

and grant in your loving kindness
to all who partake of this one Bread and one Chalice
that, gathered into one body by the Holy Spirit,
they may truly become a living sacrifice in Christ
to the praise of your glory.

Therefore, Lord, remember now
all for whom we offer this sacrifice:
especially your servant *N.* our Pope,
N. our Bishop, and the whole Order of Bishops,
all the clergy,
those who take part in this offering,
those gathered here before you,
your entire people,
and all who seek you with a sincere heart.

Remember also
those who have died in the peace of your Christ
and all the dead,
whose faith you alone have known.

To all of us, your children, grant, O merciful Father,
that we may enter into a heavenly inheritance
with the Blessed Virgin Mary, Mother of God,
with blessed Joseph, her Spouse,
and with your Apostles and Saints in your kingdom.
There, with the whole of creation,
freed from the corruption of sin and death,
may we glorify you through Christ our Lord,
through whom you bestow on the world all that is good.

Dirige tu mirada sobre esta Víctima que tú mismo has
preparado a tu Iglesia,
y concede a cuantos compartimos este pan y este cáliz,
que, congregados en un solo cuerpo por el Espíritu Santo,
seamos en Cristo víctima viva para alabanza de tu gloria.

Y ahora, Señor,
acuérdate de todos aquellos por quienes
te ofrecemos este sacrificio:
de tu servidor el Papa *N*.,
de nuestro Obispo *N*.,
de los presbíteros y diáconos,
de los oferentes y de los aquí reunidos,
de todo tu pueblo santo
y de aquellos que te buscan con sincero corazón.

Acuérdate también
de los que murieron en la paz de Cristo
y de todos los difuntos,
cuya fe sólo tú conociste.

Padre de bondad,
que todos tus hijos nos reunamos en la heredad de tu reino,
con María, la Virgen Madre de Dios,
con su esposo san José,
con los apóstoles y los santos;
y allí, junto con toda la creación
libre ya del pecado y de la muerte,
te glorifiquemos por Cristo,
Señor nuestro,
por quien concedes al mundo todos los bienes.

The Priest takes the chalice and the paten with the host:
Through him, and with him, and in him,
O God, almighty Father,
in the unity of the Holy Spirit,
all glory and honour is yours,
for ever and ever. **R. Amen.**

THE COMMUNION RITE

Eating and drinking together the Lord's Body and Blood in a paschal meal is the culmination of the Eucharist.

The Lord's Prayer

After the chalice and paten have been set down, the congregation stands and the Priest says:
Pr. At the Saviour's command
and formed by divine teaching,
we dare to say:
Together with the people, he continues:
Our Father, who art in heaven,
hallowed be thy name;
thy kingdom come,
thy will be done
on earth as it is in heaven.
Give us this day our daily bread,
and forgive us our trespasses,
as we forgive those who trespass against us;
and lead us not into temptation,
but deliver us from evil.

Por Cristo, con él y en él,
a ti, Dios Padre omnipotente,
en la unidad del Espíritu Santo,
todo honor y toda gloria,
por los siglos de los siglos. **A. Amén.**

RITO DE COMUNIÓN

Padrenuestro

Una vez que el sacerdote ha dejado el cáliz y la patena, dice:
Fieles a la recomendación del Salvador
y siguiendo su divina enseñanza
nos atrevemos a decir:
Padre nuestro, que estás en el cielo,
santificado sea tu nombre;
venga a nosotros tu reino,
hágase tu voluntad, en la tierra como en el cielo.
Danos hoy nuestro pan de cada día,
perdona nuestras ofensas,
como también nosotros perdonamos
a los que nos ofenden;
no nos dejes caer en la tentación,
y líbranos del mal.

Pr. Deliver us, Lord, we pray, from every evil,
graciously grant peace in our days,
that, by the help of your mercy,
we may be always free from sin
and safe from all distress,
as we await the blessed hope
and the coming of our Saviour, Jesus Christ.
R. For the kingdom,
the power and the glory are yours
now and for ever.

The Peace

Pr. Lord Jesus Christ,
who said to your Apostles:
Peace I leave you, my peace I give you;
look not on our sins,
but on the faith of your Church,
and graciously grant her peace and unity
in accordance with your will.
Who live and reign for ever and ever.
R. Amen.
Pr. The peace of the Lord be with you always.
R. And with your spirit.

Then the Deacon, or the Priest, adds:
Pr. Let us offer each other the sign of peace.
And all offer one another the customary sign of peace.

S. Líbranos de todos los males, Señor,
y concédenos la paz en nuestros días,
para que, ayudados por tu misericordia,
vivamos siempre libres de pecado
y protegidos de toda perturbación,
mientras esperamos la gloriosa venida
de nuestro Salvador, Jesucristo.
**A. Tuyo es el Reino,
tuyo el poder y la gloria por siempre, Señor.**

Rito de la paz

S. Señor Jesucristo,
que dijiste a tus Apóstoles:
Mi paz os dejo, mi paz os doy,
no tengas en cuenta nuestros pecados,
sino la fe de tu Iglesia
y, conforme a tu palabra, concédele la paz y la unidad.
Tú que vives y reinas
por los siglos de los siglos.
A. Amén.
S. La paz del Señor esté siempre con vosotros.
A. Y con tu espíritu.
*Luego, si se estima oportuno, el diácono o el sacerdote
añaden:*
S. Daos fraternalmente la paz.
Y todos, según la costumbre del lugar se dan la paz.

Breaking of the Bread

Then the Priest takes the host, breaks it over the paten, and places a small piece in the chalice, saying quietly:

Pr. May this mingling of the Body and Blood
of our Lord Jesus Christ
bring eternal life to us who receive it.

Meanwhile the following is sung or said:

**Lamb of God, you take away the sins of the world,
have mercy on us.**

**Lamb of God, you take away the sins of the world,
have mercy on us.**

**Lamb of God, you take away the sins of the world,
grant us peace.**

Invitation to Communion

All kneel; The Priest genuflects, takes the host and, holding it slightly raised above the paten or above the chalice says aloud:

Pr. Behold the Lamb of God,
behold him who takes away the sins of the world.
Blessed are those called to the supper of the Lamb.

**R. Lord, I am not worthy
that you should enter under my roof,
but only say the word
and my soul shall be healed.**

While the Priest is receiving the Body of Christ, the Communion Chant begins.

Fracción del pan

El sacerdote deja caer en el cáliz una parte del pan consagrado, diciendo en secreto:

S. El Cuerpo y la Sangre de Nuestro Señor Jesucristo, unidos en este cáliz,

sean para nosotros alimento de vida eterna.

Mientras tanto se canta o se recita:

Cordero de Dios, que quitas el pecado del mundo, ten piedad de nosotros.

Cordero de Dios, que quitas el pecado del mundo, ten piedad de nosotros.

Cordero de Dios, que quitas el pecado del mundo, danos la paz.

Comunión del Sacerdote y del pueblo

El sacerdote hace una genuflexión, toma el pan consagrado, lo eleva y lo muestra al pueblo, diciendo:

S. Éste es el Cordero de Dios,

que quita el pecado del mundo.

Dichosos los invitados a la cena del Señor.

A. Señor, no soy digno
de que entres en mi casa,
pero una palabra
tuya bastará para sanarme.

Communion Procession

After the priest has reverently consumed the Body and Blood of Christ he takes the paten or ciborium and approaches the communicants.

The Priest raises a host slightly and shows it to each of the communicants, saying:

Pr. The Body of Christ.

R. Amen.

When Communion is ministered from the chalice:

Pr. The Blood of Christ.

R. Amen.

After the distribution of Communion, if appropriate, a sacred silence may be observed for a while, or a psalm or other canticle of praise or a hymn may be sung. Then, the Priest says:

Pr. Let us pray.

Prayer after Communion

All stand and pray in silence for a while, unless silence has just been observed. Then the Priest says the Prayer after Communion, at the end of which the people acclaim:

R. Amen.

El sacerdote, se acerca a los que quieren comulgar y mostrándoles el pan consagrado, dice a cada uno de ellos:

S. El Cuerpo de Cristo.
A. Amén.
Para la comunión de la Sangre de Cristo:
S. La Sangre de Cristo
A. Amén.

Acto seguido, el sacerdote puede ir a la sede, o lugar destinado para sentarse. Si se estima oportuno, se pueden guardar unos momentos de silencio o cantar un salmo o cántico de alabanza. De pie en la sede o en el altar, el sacerdote dice:
S. Oremos.

Todos oran en silencio durante unos momentos. Luego el sacerdote dice la 'Oración para después de la comunión' de ese día.
El pueblo aclama:
R. Amén.

THE CONCLUDING RITES

The Mass closes, sending the faithful forth to put what they have celebrated into effect in their daily lives.

Any brief announcements follow here. Then the dismissal takes place.

Pr. The Lord be with you.

R. And with your spirit.

The Priest blesses the people, saying:

Pr. May almighty God bless you,
the Father, and the Son, and the Holy Spirit.

R. Amen.

Then the Deacon, or the Priest himself says the Dismissal:

Pr. Go forth, the Mass is ended.

R. Thanks be to God. *Or:*

Pr. Go and announce the Gospel of the Lord.

R. Thanks be to God. *Or:*

Pr. Go in peace, glorifying the Lord by your life.

R. Thanks be to God. *Or:*

Pr. Go in peace.

R. Thanks be to God.

Then the Priest venerates the altar as at the beginning. After making a profound bow with the ministers, he withdraws.

Rito de Conclusión

Pueden hacerse, si es necesario y con brevedad, los anuncios o advertencias al pueblo.

S. El Señor esté con vosotros.

A. Y con tu espíritu.

El sacerdote bendice al pueblo, diciendo:

S. La bendición de Dios todopoderoso, Padre, Hijo, y Espíritu Santo, descienda sobre vosotros.

A. Amén.

Luego el diácono, o el mismo sacerdote, con las manos juntas, despide al pueblo, diciendo:

S. Podéis ir en paz.

A. Demos gracias a Dios.

El sacerdote besa con veneración el altar, como al comienzo y, una vez realizada la debida reverencia con los demás ministros que han intervenido en la celebración, se retira a la sacristía.

COMMON PRAYERS

The Benedictus

Blessed be the Lord, the God of Israel!
He has visited his people and redeemed them.
　　He has raised up for us a mighty saviour
　　in the house of David his servant,
　　as he promised by the lips of holy men,
　　those who were his prophets from of old.
A saviour who would free us from our foes,
from the hands of all who hate us.
So his love for our fathers is fulfilled
and his holy covenant remembered.
　　He swore to Abraham our father to grant us,
　　that free from fear, and saved
　　from the hands of our foes,
　　we might serve him in holiness and justice
　　all the days of our life in his presence.
As for you little child,
you shall be called a prophet of God, the Most High.
You shall go ahead of the Lord
to prepare a way for him,
　　to make known to his people their salvation,
　　through forgiveness of all their sins,
　　the loving kindness of the heart of our God
　　who visits us like the dawn from on high.
He will give light to those in darkness,
those who dwell in the shadow of death,
and guide us into the way of peace. (Luke 1:68-79)

ORACIONES COMUNES

Benedictus

Bendito sea el Señor, Dios de Israel,
porque ha visitado y redimido a su pueblo,
    suscitándonos una fuerza de salvación
    en la casa de David, su siervo,
    según lo había predicho
    desde antiguo por boca de sus santos Profetas.
Es la salvación que nos libra de nuestros enemigos
y de la mano de todos los que nos odian;
realizando la misericordia que tuvo con nuestros padres,
recordando su santa alianza
    y el juramento que juró a nuestro padre Abrahán.
    Para concedernos que, libres de temor,
    arrancados de la mano de los enemigos,
    le sirvamos con santidad y justicia,
    en su presencia, todos nuestros días.
Y a ti, niño,
te llamarán profeta del Altísimo,
porque irás delante del Señor
a preparar sus caminos,
    anunciando a su pueblo la salvación,
    el perdón de sus pecados.
    Por la entrañable misericordia de nuestro Dios,
    nos visitará el sol que nace de lo alto,
para iluminar a los que viven en tinieblas
y en sombra de muerte,
para guiar nuestros pasos por el camino de la paz.

The Angelus

May be said morning, noon, and night.

V. The Angel of the Lord declared to Mary:

R. And she conceived of the Holy Spirit.
    Hail Mary...

V. Behold the handmaid of the Lord:

R. Be it done to me according to your word.
    Hail Mary...

V. And the Word was made Flesh:

R. And dwelt among us.
    Hail Mary...

V. Pray for us, O holy Mother of God.

R. That we may be made worthy of the promises of Christ.

Let us pray:

Pour forth, we beseech you, O Lord, your grace into our hearts, that we, to whom the Incarnation of Christ, your Son, was made known by the message of an angel, may by his passion and cross ✠ be brought to the glory of his resurrection, through the same Christ our Lord.

R. Amen.

Angelus

Se puede rezar en la mañana, medio día y por la noche.

V. El ángel del Señor anunció a María.

R. Y concibió por obra y gracia del Espíritu Santo.
Dios te salve, María...

V. He aquí la esclava del Señor.

R. Hágase en mí según tu palabra.
Dios te salve, María...

V. Y el Verbo de Dios se hizo carne.

R. Y habitó entre nosotros.
Dios te salve, María...

V. Ruega por nosotros, Santa Madre de Dios,

R. para que seamos dignos de alcanzar las
promesas de Jesucristo.

Oremos:

Infunde, Señor, tu gracia en nuestras almas, para que, los que hemos conocido, por el anuncio del Ángel, la Encarnación de tu Hijo Jesucristo, lleguemos por los Méritos de su Pasión y su Cruz, a la gloria de la Resurrección. Por Jesucristo Nuestro Señor.

R. Amén.

Magnificat

My soul glorifies the Lord,
my spirit rejoices in God, my Saviour.
He looks on his servant in her lowliness;
henceforth all ages will call me blessed.

    The Almighty works marvels for me.
    Holy his name!
    His mercy is from age to age,
    on those who fear him.

He puts forth his arm in strength
and scatters the proud-hearted.
He casts the mighty from their thrones
and raises the lowly.

    He fills the starving with good things,
    sends the rich away empty.

He protects Israel, his servant,
remembering his mercy,
the mercy promised to our fathers,
to Abraham and his sons for ever. (Luke 1: 46-55)

    Glory be to the Father…

Magnificat

Proclama mi alma la grandeza del Señor,
se alegra mi espíritu en Dios, mi salvador;
porque ha mirado la humillación de su esclava.
Desde ahora me felicitarán todas las generaciones,
    porque el Poderoso ha hecho obras grandes por mí:
    su nombre es santo,
    y su misericordia llega a sus fieles
    de generación en generación.
Él hace proezas con su brazo:
dispersa a los soberbios de corazón,
derriba del trono a los poderosos
y enaltece a los humildes,
    a los hambrientos los colma de bienes
    y a los ricos los despide vacíos.
Auxilia a Israel, su siervo,
acordándose de la misericordia
– como lo había prometido a nuestros padres –
en favor de Abrahán y su descendencia por siempre.
    Gloria al Padre...

The Holy Rosary

The Holy Rosary is composed of twenty 'decades', each decade consisting of the Our Father, ten Hail Marys, and the Glory be to the Father, and each being recited in honour of some mystery in the life of our Lord and of his Blessed Mother. During each decade we should call to mind the mystery which it is intended to honour, and pray that we may learn to practise the virtue specially taught us by that mystery.

I. The Five Joyful Mysteries (Mondays, Saturdays)
1. The Annunciation.
2. The Visitation.
3. The Nativity.
4. The Presentation in the Temple.
5. The Finding of the Child Jesus in the Temple.

II. The Five Mysteries of Light (Thursdays)
1. The Baptism of the Lord
2. The Marriage at Cana
3. The Proclamation of the Kingdom
4. The Transfiguration
5. The Institution of the Eucharist

ORACIONES DEL ROSARIO

Se inicia, haciendo la Señal de la Cruz y diciendo: 'Dios mío, ven en mi auxilio. Señor, date prisa en socorrerme. Glori al Padre...' Se enuncia en cada decena el 'misterio', por ejemplo, en el primer misterio 'La encarnación del Hijo de Dios'. Después de una breve pausa de reflexión, se rezan: un Padre nuestro, diez Avemarías y un Gloria. A cada decena del rosario se puede añadir una invocación. Al final del rosario se recita la Letanía Lauretana, u otras oraciones marianas.

I. Misterios gozosos (lunes y sábado)

1. La encarnación del Hijo de Dios.
2. La visitación de Nuestra Señora a su prima Santa Isabel.
3. El nacimiento del Hijo de Dios.
4. La Presentación de Jesús en el templo.
5. El Niño Jesús perdido y hallado en el templo.

II. Misterios luminosos (jueves)

1. El Bautismo de Jesús en el Jordán.
2. La autorrevelación de Jesús en las bodas de Caná.
3. El anuncio del Reino de Dios invitando a la conversión.
4. La Transfiguración.
5. La Institución de la Eucaristía.

III. The Five Sorrowful Mysteries (Tuesdays, Fridays)

1. The Prayer and Agony in the Garden.
2. The Scourging at the Pillar.
3. The Crowning with Thorns.
4. The Carrying of the Cross.
5. The Crucifixion and Death of our Lord.

IV. The Five Glorious Mysteries (Wednesdays, Sundays)

1. The Resurrection.
2. The Ascension of Christ into Heaven.
3. The Descent of the Holy Spirit on the Apostles.
4. The Assumption.
5. The Coronation of the Blessed Virgin Mary in Heaven and the Glory of all the Saints.

The Hail Holy Queen

Hail, holy Queen, mother of mercy; hail, our life, our sweetness, and our hope! To you do we cry, poor banished children of Eve; to you do we send up our sighs, mourning and weeping in this vale of tears. Turn then, most gracious advocate, your eyes of mercy towards us; and after this our exile, show to us the blessed fruit of your womb, Jesus. O clement, O loving, O sweet Virgin Mary.

V. Pray for us, O holy Mother of God.

R. That we may be made worthy of the promises of Christ.

Let us pray: O God, whose only-begotten Son, by his life, death and resurrection, has purchased for us the rewards of eternal life; grant, we beseech you, that meditating on

III. Misterios dolorosos (martes y viernes)

1. La Oración de Jesús en el Huerto.
2. La Flagelación del Señor.
3. La Coronación de espinas.
4. Jesús con la Cruz a cuestas camino del Calvario.
5. La Crucifixión y Muerte de Nuestro Señor.

IV. Misterios gloriosos (miércoles y domingo)

1. La Resurrección del Hijo de Dios.
2. La Ascensión del Señor a los Cielos.
3. La Venida del Espíritu Santo sobre los Apóstoles.
4. La Asunción de Nuestra Señora a los Cielos.
5. La Coronación de la Santísima Virgen como Reina de Cielos y Tierra.

Dios Te Salve, Reina

Dios te salve, Reina y Madre de misericordia, vida, dulzura y esperanza nuestra; Dios te salve. A ti llamamos los desterrados hijos de Eva, a Ti suspiramos, gimiendo y llorando, en este valle de lágrimas. Ea, pues, Señora, abogada nuestra, vuelve a nosotros esos tus ojos misericordiosos; y después de este destierro, muéstranos a Jesús, fruto bendito de tu vientre. ¡Oh clementísima, oh piadosa, oh dulce Virgen María!

V. Ruega por nosotros, Santa Madre de Dios,

R. Para que seamos dignos de alcanzar las promesas de Nuestro Señor Jesucristo.

Oremos: Oh Dios, cuyo Hijo por medio de su vida, muerte y resurrección, nos otorgó los premios de la vida eterna,

these Mysteries of the most holy Rosary of the Blessed
Virgin Mary, we may both imitate what they contain, and
obtain what they promise, through the same Christ our
Lord. **R. Amen.**

LITANY OF THE BLESSED VIRGIN MARY

Lord have mercy.
Lord have mercy.
Christ have mercy.
Christ have mercy.
Lord have mercy.
Lord have mercy.
Christ hear us.
Christ graciously hear us.
God the Father of heaven,
have mercy on us. (repeat)
God the Son, Redeemer
of the world,
God the Holy Spirit,
Holy Trinity, one God,
Holy Mary,
pray for us. (repeat)
Holy Mother of God,
Holy Virgin of virgins,
Mother of Christ,
Mother of divine grace,
Mother most pure,

Mother most chaste,
Mother inviolate,
Mother undefiled,
Mother most lovable,
Mother most admirable,
Mother of good counsel,
Mother of our Creator,
Mother of our Saviour,
Virgin most prudent,
Virgin most venerable,
Virgin most renowned,
Virgin most powerful,
Virgin most merciful,
Virgin most faithful,
Mirror of justice,
Seat of wisdom,
Cause of our joy,
Spiritual vessel,
Vessel of honour,
Singular vessel of devotion,
Mystical rose,

te rogamos que venerando humildemente los misterios del Rosario de la Santísima Virgen María, imitemos lo que contienen y consigamos lo que nos prometen. Por Jesucristo, nuestro Señor. **R. Amén**

Letanía Lauretana

Señor, ten piedad.

Cristo, ten piedad.

Señor, ten piedad.

Cristo, oyenos.

Cristo escuchanos.

Dios, Padre celestial,

ten piedad de nosotros.

Dios, Hijo,

Redentor del mundo,

Dios, Espíritu Santo,

Santisima Trinidad,

un solo Dios,

Santa María,

ruega por nosotros.

Santa Madre de Dios,

Santa Virgen de las Vírgenes

Madre de Cristo,

Madre de la Iglesia,

Madre de la divina gracia,

Madre purísima,

Madre castísima,

Madre siempre virgen,

Madre Santa

Madre inmaculada,

Madre amable,

Madre admirable,

Madre del buen consejo,

Madre del Creador,

Madre del Salvador,

Madre de misericordia

Virgen prudentísima,

Virgen digna de veneración,

Virgen digna de alabanza

Virgen poderosa,

Virgen clemente,

Virgen fiel

Espejo de justicia,

Trono de la sabiduría,

Causa de nuestra alegría,

Vaso espiritual,

Vaso digno de honor,

Vaso de insigne devoción,

Rosa mística,

Tower of David,
Tower of ivory,
House of gold,
Ark of the covenant,
Gate of heaven,
Morning Star,
Health of the sick,
Refuge of sinners,
Comfort of the afflicted,
Help of Christians,
Queen of Angels,
Queen of Patriarchs,
Queen of Prophets,
Queen of Apostles
Queen of Martyrs,
Queen of Confessors,
Queen of Virgins,
Queen of all Saints,
Queen conceived
without original sin,
Queen assumed into heaven,
Queen of the most
holy Rosary,
Queen of the Family,
Queen of Peace.

Lamb of God, you take away the sins of the world,
Spare us, O Lord.
Lamb of God, you take away the sins of the world,
Graciously hear us, O Lord.
Lamb of God, you take away the sins of the world,
Have mercy on us.
V. Pray for us, O holy Mother of God.
R. That we may be made worthy of the promises of Christ.
Let us pray: Lord God, give to your people the joy of continual health in mind and body. With the prayers of the Virgin Mary to help us, guide us through the sorrows of this life to eternal happiness in the life to come. Grant this through our Lord Jesus Christ, your Son, who lives and reigns with you and the Holy Spirit, God, for ever and ever. **R. Amen.**

Torre de David,

Torre de marfil,

Casa de oro,

Arca de la Alianza,

Puerta del Cielo,

Estrella de la mañana,

Salud de los enfermos,

Refugio de los pecadores,

Consoladora de
los afligidos,

Auxilio de los cristianos,

Reina de los Ángeles

Reina de los Patriarcas,

Reina de los Profetas

Reina de los Apóstoles,

Reina de los Mártires

Reina de los Confesores,

Reina de las Vírgenes,

Reina de todos los Santos,

Reina concebida sin
pecado original,

Reina asunta a los Cielos,

Reina del Santísimo
Rosario,

Reina de la familia,

Reina de la paz.

Cordero de Dios, que quitas el pecado del mundo, *perdónanos, Señor.*

Cordero de Dios, que quitas el pecado del mundo, *escúchanos, Señor.*

Cordero de Dios, que quitas el pecado del mundo, *ten misericordia de nosotros.*

V. Ruega por nosotros, Santa Madre de Dios.

R. Para que seamos dignos de alcanzar las promesas de Cristo.

Oremos: Te rogamos nos concedas, Señor Dios nuestro, gozar de continua salud de alma y cuerpo, y por la gloriosa intercessión de la bienaventurada siempre Virgen María, vernos libres de las tristezas de la vida presente y disfrutar de las alegrías eternas. Por Cristo Nuestro Señor. **R. Amén.**

The Memorare

Remember, O most loving Virgin Mary, that never was it known that anyone who fled to thy protection, implored thy help, or sought thy intercession, was left unaided. Inspired by this confidence I fly unto thee, O Virgin of virgins, my Mother. To thee do I come, before thee I stand, sinful and sorrowful. O Mother of the Word Incarnate, despise not my petitions, but in thy mercy hear and answer me Amen.

The Regina Cæli

V. O Queen of heaven, rejoice! Alleluia.

R. For he whom you did merit to bear, Alleluia,

V. Has risen as he said. Alleluia.

R. Pray for us to God. Alleluia.

V. Rejoice and be glad, O Virgin Mary, Alleluia,

R. For the Lord has risen indeed, Alleluia.

Let us pray: God our Father, you give joy to the world by the resurrection of your Son, our Lord Jesus Christ. Through the prayers of his mother, the Virgin Mary, bring us to the happiness of eternal life. We ask this through our Lord Jesus Christ, your Son, who lives and reigns with you and the Holy Spirit, God, for ever and ever. **R. Amen.**

Memorare - El Acordaos

Acordaos, oh piadosísima Virgen María, que jamás se ha oído decir que ninguno de los que han acudido a tu protección, implorando tu asistencia y reclamando tu socorro, haya sido abandonado de ti. Animado con esta confianza, a ti también acudo, oh Madre, Virgen de las vírgenes, y aunque gimiendo bajo el peso de mis pecados, me atrevo a comparecer ante tu presencia soberana. No deseches mis humildes súplicas, oh Madre del Verbo divino, antes bien, escúchalas y acógelas benignamente. Amén

Regina Caeli

V. Reina del cielo alégrate; aleluya.

R. Porque el Señor a quien has merecido llevar; aleluya.

V. Ha resucitado según su palabra; aleluya.

R. Ruega al Señor por nosotros; aleluya.

V. Gózate y alégrate, Virgen María; aleluya.

R. Porque verdaderamente ha resucitado el Señor; aleluya.

Oremos: Oh Dios, que por la resurrección de tu Hijo, nuestro Señor Jesucristo, has llenado el mundo de alegría, concédenos, por intercesión de su Madre, la Virgen María, llegar a alcanzar el gozo eterno. Por nuestro Señor Jesucristo. **R. Amén.**

An Act of Contrition

O my God, I am sorry and beg pardon for all my sins, and detest them above all things, because they deserve your dreadful punishments, because they have crucified my loving Saviour Jesus Christ, and, most of all, because they offend your infinite goodness; and I firmly resolve, by the help of your grace, never to offend you again, and carefully to avoid the occasions of sin.

Act of Faith

My God, I believe in you and all that your Church teaches, because you have said it, and your word is true.

Act of Hope

My God, I hope in you, for grace and for glory, because of your promises, your mercy and your power.

Act of Charity

My God, because you are so good, I love you with all my heart, and for your sake, I love my neighbour as myself.

Eternal Rest

V. Eternal rest grant to them, O Lord.
R. And let perpetual light shine upon them.
V. May they rest in peace. **R. Amen.**

Acto de Contrición

Dios mío, me arrepiento de todo corazón de todos mis pecados y los aborrezco, porque al pecar, no sólo merezco las penas establecidas por ti justamente, sino principalmente porque te ofendí, a ti sumo Bien y digno de amor por encima de todas las cosas. Por eso propongo firmemente, con ayuda de tu gracia, no pecar más en adelante y huir de toda ocasión de pecado. Amén.

Acto de Fe

Creo en Dios Padre; Creo en Dios Hijo; Creo en Dios Espíritu Santo; Creo en la Santísima Trinidad; Creo en mi Señor Jesucristo, Dios y hombre verdadero.

Acto de Esperanza

Señor Dios mío, espero por tu gracia la remisión de todos mis pecados; y después de esta vida, alcanzar la eterna felicidad, porque lo prometiste tú que eres infinitamente poderoso, fiel, benigno y lleno de misericordia. Quiero vivir y morir en esta esperanza. Amén.

Acto de Caridad

Amo a Dios Padre; Amo a Dios Hijo; Amo a Dios Espíritu Santo; Amo a la Santísima Trinidad; Amo a mi Señor Jesucristo, Dios y hombre verdadero. Amo a María Santísima, madre de Dios y madre nuestra y amo a mi prójimo como a mí mismo.

Descanso Eterno

V. Dale Señor el descanso eterno.
R. Brille para él la luz perpetua.
V. Descanse en paz. **R. Amén.**

Prayer to my guardian angel

O angel of God, my guardian dear
to whom God's love commits me here.
Ever this night (day) be at my side
to light, to guard, to rule and guide. Amen.

Anima Christi

Soul of Christ, sanctify me.
Body of Christ, save me.
Blood of Christ, inebriate me.
Water from the side of Christ, wash me.
Passion of Christ, strengthen me.
O good Jesus, hear me.
Within thy wounds hide me.
Suffer me not to be separated from thee.
From the malicious enemy defend me.
In the hour of my death call me,
And bid me to come to thee.
That with thy saints I may praise thee,
For all eternity. Amen.

Under Your Protection

We fly to thy protection, O holy Mother of God. Despise
not our petitions in our necessities, but deliver us always
from all dangers O glorious and blessed Virgin.

Ángel de Dios

Ángel de Dios, que eres mi custodio, pues la bondad
divina me ha encomendado a ti, ilumíname, guárdame,
defiéndeme y gobiérname. Amén.

Anima Christi - Alma de Cristo

Alma de Cristo, santifícame.

Cuerpo de Cristo, sálvame.

Sangre de Cristo, embriágame.

Agua del costado de Cristo, lávame.

Pasión de Cristo, confórtame.

¡Oh, buen Jesús!, óyeme.

Dentro de tus llagas, escóndeme.

No permitas que me aparte de Ti.

Del maligno enemigo, defiéndeme

En la hora de mi muerte, llámame.

Y mándame ir a Ti.

Para que con tus santos te alabe.

Por los siglos de los siglos. Amén

Bajo tu protección

Bajo tu amparo nos acogemos, Santa Madre de Dios;
no deseches las súplicas que te dirigimos en nuestras
necesidades; antes bien, líbranos siempre de todo peligro,
¡Oh Virgen gloriosa y bendita!

Nihil obstat: The Reverend Canon John Redford S.T.L., L.S.S., D.D.

Imprimatur: ✠ Peter Smith, Archbishop of Southwark, 23 May 2011.
The Nihil obstat *and* Imprimatur *are a declaration that a book or pamphlet is considered to be free from doctrinal or moral error. It is not implied that those who have granted the* Nihil obstat *and* Imprimatur *agree with the contents, opinions or statements expressed*. Permission granted for distribution in the dioceses of Scotland.

Excerpts from the English translation of *The Roman Missal* © 2010, International Commission on English in the Liturgy Corporation (ICEL). All rights reserved. Latin text © Libreria Editrice Vaticana, Vatican City State, 2008. *Concordat cum originali*: Martin Foster (England and Wales). Permission granted for distribution in the dioceses of Scotland.

Libro de Oración Común: A Simple Prayer Book, English-Spanish edition. Published 2011 by the Incorporated Catholic Truth Society, 40-46 Harleyford Road, London SE11 5AY. Compilation, layout, design of this edition © 2011 The Incorporated Catholic Truth Society. First compiled and published 2007.

ISBN 978 1 86082 448 7